ABC der ...
Volljährigkeit

Von:

....

Für:

....

ABC der ...
Volljährigkeit

TOMUS

Abnabelung

Abi|tur, das

Hast du während der Schulzeit auf unnötige Ehrenrunden verzichtet, fallen das Erreichen der Volljährigkeit und die Erlangung der Hochschulreife dank G8 nunmehr meist in das gleiche Jahr. Dann kann das Campusleben ja kommen: Mensaessen, Studentenpartys und Schlafen im Hörsaal – seinen Horizont kann man schließlich auf viele Arten erweitern.

Ab|na|be|lung, die

Das Auschecken aus dem Hotel Mama *(siehe Seite 30: flügge)* gehört – wenn auch nicht unbedingt sofort – zum Erwachsenwerden dazu. Aber mal ehrlich: Wer will schon ewiges Muttersöhnchen beziehungsweise -töchterchen bleiben, wenn man auch eine eigene Bude *(siehe Seite 14)* haben kann?

Ab|schluss|ball, der

Auch wenn er bei uns keinen ganz so hohen Stellenwert besitzt wie die Prom am Ende der High School in den USA, ist er trotzdem ein denkwürdiges Ereignis zum Abschluss des Tanzkurses oder der Schullaufbahn. Dazu gehören – neben lädierten Zehen – die Verabredung mit dem Partner deiner Wahl beziehungsweise deines Herzens (gern auch mit der oder dem heimlich Angebeteten) sowie ein festliches Outfit. Dabei kann vor Übertreibungen jeglicher Art allerdings nur gewarnt werden, falls du nicht am nächsten Morgen kompromittierende Fotos von dir auf Facebook und Co. entdecken möchtest, die dir auch Jahre später noch die Schamesröte ins Gesicht treiben – und Beweisfotos gibt es dank allgegenwärtiger Handys immer!

Ak|ne, die

Auch Mitesser oder Pickel genannte Hautunreinheit, die insbesondere während der Pubertät auftritt und nicht zuverlässig mit dem Eintritt ins Erwachsenenleben verschwindet. Hier helfen Gesichtswasser, Salbe und Abdeckstift, während man das Herumgequetsche besser lassen sollte. (Der Spiegel wird es dir danken!) Schokolade und Chips sind entgegen der landläufigen Meinung übrigens auch für Aknegeplagte gefahrlos zum Verzehr geeignet.

Ak|kord|ar|beit, die

Ist das nicht schön, ab jetzt darfst du auch im Akkord arbeiten? Dabei richtet sich die Bezahlung nicht nach den abgeleisteten Arbeitsstunden, sondern nach der erreichten beziehungsweise produzierten Stückzahl. Ein hohes Erledigungstempo zahlt sich also in barer Münze aus, aber die Illusion von Leistung nach dem Lustprinzip ist ein für alle Mal dahin.

Al|ko|hol, der

Endlich kannst du nicht nur Bier und Wein erhobenen Hauptes selbst kaufen, sondern auch Getränke mit höherem Alkoholgehalt. Und auch, wenn du die Alterskontrolle durch die Kassenkraft zunächst noch als lästig empfindest, mit zunehmendem Alter wird sie dann zum Kompliment *(siehe Seite 9: Altern)* – allerdings nur, wenn du von dieser Freiheit nicht allzu exzessiv Gebrauch machst. Alkohol schadet dem Teint!

Al|tern, das
Während als Teenie die Jahre bis zum Erwachsenenalter nicht schnell genug vergehen konnten und die größte Sorge beim morgendlichen Blick in den Spiegel neuen Pickeln *(siehe Seite 6: Akne)* galt, wendet sich ab sofort das Blatt. Vor allem die Angehörigen des weiblichen Geschlechts unternehmen nun alles Erdenkliche und mitunter auch Unerdenkliche, um den sichtbaren Zeichen des Alterns mit allerlei Cremes und Wässerchen entgegenzuwirken beziehungsweise diese abzumildern oder zu kaschieren. Aber auch die Herren der Schöpfung sind zunehmend in den Beauty-Abteilungen von Drogerien anzutreffen.

Al|ters|frei|ga|be, die
Im Handel vertriebene Filme und Computerspiele müssen in Deutschland mit einer Alterseinstufung der Freiwilligen Selbstkontrolle der Filmwirtschaft (FSK) beziehungsweise der Unterhaltungssoftware Selbstkontrolle (USK) gekennzeichnet sein – was auch für Kinofilme gilt. Doch das muss dich ab jetzt nicht mehr kümmern, selbst wenn die rote Kennzeichnung auf der Hülle oder dem Plakat prangt, die signalisiert, dass der Film/das Spiel für Jugendliche nicht freigegeben ist. Denn du gehörst nunmehr zu den Erwachsenen …

Ams|ter|dam
Beliebtes Ziel von Volljährigen für einen Wochenendausflug, die Klassenfahrt oder den Urlaub. Selbstverständlich nur wegen der zahlreichen Sehenswürdigkeiten. Und den guten „Kaffee" aus einem der berühmten Coffeeshops muss man natürlich auch probiert haben.

An|ti|ba|by|pil|le, die
Chemieprodukt, das mit seiner Erfindung nicht nur die Familienpla-
nung erleichterte, sondern auch
ein nicht durch Angst belastetes
zwischenmenschliches Phänomen
ermöglichte, das es immer schon
gab, aber in den Augen diverser
Moralapostel nie hätte geben dürfen: Sex vor der Ehe.

Ar|beits|zeit, die
Häufig bessern Jugendliche ihr Taschengeld mit einem Schülerjob
auf, um sich die Dinge leisten zu
können, für die Mama und Papa
nur höchst ungern in die Tasche
greifen, oder um sich den einen
oder anderen Extra-Wunsch erfül-
len zu können. Dabei ist die Arbeitszeit durch das Jugendschutzgesetz auf maximal 8 Stunden pro
Tag und 40 Stunden pro Woche
begrenzt. Als Volljähriger darfst
du nun aber auch länger ranklot-
zen, nämlich 6 Tage die Woche,
also insgesamt 48 Stunden – unter bestimmten Umständen sogar
noch länger. Ob Erwachsenwerden in dieser Hinsicht Fluch oder
Segen ist, liegt da wohl im Auge
des Betrachters.

Aus|zu|bil|den|der, der (kurz: Azubi)
An der Tatsache, dass du während
der Berufsausbildung nur wenig
Mitspracherechte und Privilegien
genießt, ändert auch die Volljährigkeit nichts. Aber tröste dich: Im-
merhin musst du deinem „Lehrher-
ren" heute nicht mehr wie früher
üblich Gehorsam und treuliche
Dienste geloben. Und noch wichtiger: Das bis ins 20. Jahrhundert be-
stehende Recht zur „väterlichen
Zucht" ist ebenfalls abgeschafft –
was so mancher Ausbilder wohl
insgeheim bedauern mag.

Der Weg zu mehr Privilegien während der Ausbildung ...

Ball|sport, der
Nein, damit ist überhaupt nichts
Anzügliches gemeint, sondern ech-
ter Sport von American Football
über Basketball, Fußball und Hand-
ball bis hin zu Tennis und Wasser-
ball, zu dem dich deine Eltern seit
einer gefühlten Ewigkeit gekarrt
haben. Doch dem Führerschein sei
Dank bist du nun derjenige, der
Wagenladungen schwitzender junger MannschaftskollegInnen von
Training und Wettkämpfen nach
Hause chauffieren darf. Mal sehen,
ob es dir ebenso gut wie deinen Eltern gelingt, dabei den Ball flach zu
halten. Zudem musst du dir langsam Gedanken darüber machen,
ob du auch in der Altherren- beziehungsweise Altdamenmannschaft
noch mit dabei bist oder ob für
dich eher die Devise „Ballspielen
ist etwas für Kinder" gilt.

Bart, der
Deutlich sichtbarer Beleg für die
Geschlechtsreife und Männlichkeitssymbol, das allerdings erst
dann wirklich männlich wirkt,
wenn mehr als drei Härchen sprie-
ßen und aus dem zarten Flaum
richtige Stoppeln werden. (Und
nein, häufiges Rasieren hat keinen
Einfluss auf die Stärke und die Ge-
schwindigkeit des Bartwuchses.)
Lange Zeit bei der holden Weib-
lichkeit unbeliebt, gilt der ent-
sprechend in Form gebrachte Bart
heute als modisches Statement.
Also Jungs, weg mit dem Rasierer!

Be|glei|te|tes Fah|ren, das
Begleitetes Fahren war gestern.
Ab sofort werden die Mitfahrer
selbst ausgesucht. Und sollten die
auf Fahr-Begleiter machen, werden
sie von klaren Worten gleich wieder
nach draußen begleitet.

Bier|fla|sche, die
Bei Jugendlichen und Neu-Erwachsenen beliebtes Accessoire, um Reife und Coolness zu demonstrieren.
Dies gelingt allerdings nur bei ge-
mäßigtem Gebrauch. Andernfalls
droht aufgrund von Koordinations-
und Sprachverlust die Rückentwick-
lung zum Kleinkind – und das ist
definitiv ganz und gar nicht cool!

Bu|de, eigene
Auch wenn die ersten eigenen
vier Wände nicht selten ein Platz
im Wohnheim oder ein Zimmer
in einer WG sind, beginnt – endlich den wachsamen Augen der
Eltern entronnen – die große Freiheit: Party bis in die frühen Mor-
genstunden und keiner meckert,
wenn mal die schmutzige Wäsche
auf dem Boden herumliegt oder
die Musik zu laut ist. Doch spätestens wenn es ans Putzen, Kochen
und Wäschewaschen geht, däm-
mert dir die Erkenntnis, dass das
Hotel Mama durchaus seine Vor-
züge hatte.

Bun|des|kanz|ler, der
Mit Erreichen der Volljährigkeit
darfst du nicht nur wählen *(siehe
Seite 89: Wahlrecht)*, sondern dich
auch wählen lassen – sogar zum
Bundeskanzler beziehungsweise
zur Bundeskanzlerin. Das höchste
Amt, BundespräsidentIn, steht dir
jedoch erst mit Vollendung des
40. Lebensjahres offen. Hier sind
deinen Karriereplänen also vorerst
noch Grenzen gesetzt.

WOW! Tolles Schlauchboot! Dann schwimmst du ja jetzt immer ganz oben mit.

Bun|des|wehr, die
Mit Aussetzung der Wehrpflicht zum 1. Juli 2011 ging ein Aufatmen durch die Reihen der jungen Männer, die nun, zumindest vorerst, nicht mehr gegen ihren Willen zum Dienst in der Bundeswehr verpflichtet werden können. Schließlich kann man diese Zeit so viel sinnvoller verbringen – mit Reisen, Weiterbildung oder Selbstfindung, will heißen, ausschlafen, mit Freunden abhängen und feiern.

Bus, der
Um mit Freunden zu feiern oder sich in der Disko zu treffen, ist der Bus des öffentlichen Nahverkehrs eine durchaus überlegenswerte Alternative. Allerdings gilt: Die einzige Rückbank, auf die du dich setzt, ist die in deinem (oder Papas) Auto und zwar zusammen mit deinem Freund/deiner Freundin, aber ganz sicher nicht die im Bus mit den Möchtegern-Halbstarken, die dort üblicherweise zu finden sind.

Che|mie, die
Naturwissenschaft, die sich mit dem Aufbau, den Eigenschaften und der Umwandlung von Stoffen beschäftigt. Als Unterrichtsfach eher selten beliebt. In Form des Therapeutikums Ritalin höchst umstritten, das dank der Diagnose ADHS in immer mehr Kinder- und Klassenzimmern anzutreffen ist. Aber auch der zunehmende Schönheitswahn lässt die Chemie an den Türen junger Menschen scharren, in Form des Bakteriengiftes Botulinumtoxin, besser bekannt als Botox. Solltest du je in Versuchung geraten, gib einfach „Botox" in eine Suchmaschine ein und schau dir die Bilder an.

Christ|kind, das
Mit 18 Jahren ist es höchste Zeit, dass du die Wahrheit erfährst: Nicht das Christkind legt all die Geschenke unter den Weihnachtsbaum, sondern Mama und Papa. Auch der Osterhase und die Zahnfee existieren nicht, sondern sind Mythen aus deiner Kindheit, die du nun hinter dir lassen musst …

Club, der
Eine andere Bezeichnung für Diskothek und damit ein Gastronomiebetrieb zum Abtanzen und Anbaggern – mit Musik aus der Konserve, die via Discjockey und überdimensionaler Lautsprecheranlage die Besucher in (Konsum-)Stimmung bringen soll. Du als Über-18-Jähriger kommst nun so oft beziehungsweise so lange da rein, wie der Türsteher und/oder der Geldbeutel es zulassen.

Di|gi|tal Na|tive, der
Schwer vorzustellen, aber deine Eltern stammen tatsächlich aus einer Zeit, als es noch nicht in nahezu jedem Haushalt einen Computer gab, das Internet noch nicht existierte und Handys ganz und gar nicht handlich waren. Deshalb bezeichnet man sie im Gegensatz zu euch Digital Natives („digitale Ureinwohner") als Digital Immigrants („digitale Einwanderer").

Do it your|self (kurz: DIY)
Diese englische Bezeichnung steht für das Ausführen handwerklicher Tätigkeiten ohne professionelle Hilfe. Ein Konzept, das dich unabhängig macht und den Geldbeutel schont – allerdings nur, wenn zu guter Letzt nicht doch der Profi ran muss, um das von dir angerichtete Chaos zu beseitigen.

Dr. Som|mer

Die wohl bekannteste Anlaufstelle für pubertierende Jugendliche, die Fragen zum Thema Liebe und Sex haben. Aus deiner heutigen Sicht vermutlich alles „Kinderkram", doch das solltest du besser nicht an die große Glocke hängen, denn Berichte von Gruppen- oder Fetischerfahrungen sorgen selbst bei den coolsten Eltern für Schnappatmung.

DSDS (Deutschland sucht den Superstar)
Ebenso beliebte wie kritisierte Castingshow, die es im deutschen Fernsehen mittlerweile zu diversen Staffeln gebracht hat. Für zahlreiche Jugendliche und Jungerwachsene ist sie ein Quell der Hoffnung auf die große Musikkarriere. Allerdings solltest du dein Gesangstalent vor einer Teilnahme kritisch hinterfragen, um nicht Opfer von Dieters spitzer Zunge zu werden.

EC-Kar|te, die

Meine Kohle, mein Konto, meine Karte – das gilt für dich nun uneingeschränkt, denn mit deinem 18. Geburtstag bist du bei Bankgeschäften nicht mehr auf das Einverständnis deiner Eltern angewiesen. Allerdings kann der allzu ausgiebige Einsatz deiner EC-Karte dein Konto nun auch in die Miesen rutschen lassen. Und diese Kohle will das betreffende Kreditinstitut (samt Zinsen) früher oder später zurückhaben …

El|tern|sprech|stun|de, die

Mit deiner Volljährigkeit sind das Einschleimen am Nachmittag vor dem Elternabend sowie das Zittern vor dem elterlichen Donnerwetter nach dem Lehrergespräch kein Thema mehr. Denn ab sofort pflegt Mann beziehungsweise Frau den Kontakt zur Schule selbst – oder eben nicht.

Emer|ging Adults, die

Kannte man bisher nur das berühmte und vor allem bei (Ehe-) Partnerinnen mitunter auch berüchtigte Kind im Manne, scheint sich die Jugendzeit nun generell bis etwa zum 30. Lebensjahr zu verlängern. Psychologen bezeichnen die Zeitspanne zwischen dem 18. und 30. Geburtstag daher als „emerging adulthood" (verlängerte Jugend) und die Betroffenen als Emerging Adults. Gehörst du dazu?

Ener|gy-Drink, der

Ein Getränk mit anregender Wirkung und hohem Zuckergehalt, das sich – auch in Verbindung mit Alkohol – bei Jugendlichen großer Beliebtheit erfreut. Inzwischen sollte es aber, ähnlich wie der Kinderarzt *(siehe Seite 45)*, die Fanposter *(siehe Seite 29)* und die Zahnspange *(siehe Seite 93)*, eigentlich der Vergangenheit angehören.

Ent|täu|schung, die

„Wenn ich endlich volljährig bin, dann ..." Wie oft ging dir dieser Satz in den letzten Jahren durch den Kopf oder auch über die Lippen? Und nun ist das Volljährigsein gar nicht so cool und erstrebenswert, wie du gedacht hast? Willkommen in der Welt der Erwachsenen! Aber dieses Büchlein wird dir sicher über diese Enttäuschung hinweghelfen.

Ent|schul|di|gung, die
Im schulischen Kontext handelt
es sich dabei um die Bestätigung,
dass die Nicht-Teilnahme am Un-
terricht die Folge einer Erkrankung
war oder aus einem anderen wich-
tigen Grund erfolgte. Ab sofort
darfst du diese ganz offiziell selbst
unterschreiben. Der übermäßige
Gebrauch dieser neuen Freiheit
kann jedoch dazu führen, dass der
Entschuldigung ein ärztliches At-
test beigefügt werden muss.

Er|zeu|ger, die
Damit sind die biologischen Spen-
der von Eizelle und Sperma gemeint, aus deren Verschmelzung
du entstanden bist. Sie werden gemeinhin auch Eltern genannt und
sind im Regelfall identisch mit
den Erziehungsberechtigten *(siehe
Seite 26: Mutter)*. Mitunter nerven
sie ziemlich, meinen es aber fast
immer gut. Früher meist streng
und hoffnungslos altmodisch,
wollen sie heute gern die besten
Freunde ihrer Kinder sein und
eifern diesen nicht selten in puncto
Kleidung, Musikgeschmack und
Sprache nach. Aber mal ehrlich:
Willst du wirklich mit deinem
Vater oder deiner Mutter in der
Disko abfeiern oder mit ihm/ihr
als Wingman auf Frauen- beziehungsweise Männerfang gehen?
Eine neuere, besonders nervige
Ausprägung von Erzeugern sind
die überfürsorglichen Helikopter-
Eltern *(siehe Seite 57)*.

Er|zie|hungs|be|rech|tig|ter, der
Mensch, der bis zu deiner Volljährigkeit nicht nur das Recht hat,
über dich und deine Erziehung
zu entscheiden, sondern auch die
Pflicht dazu. Meist kommt er in
zweifacher Ausfertigung vor, was
den Schutzbefohlenen die Möglichkeit eröffnet, fehlende Kom-
munikation, mangelnde Abspra-
che oder Uneinigkeit zwischen
den beiden Berechtigten zu ihrem
Vorteil zu nutzen. Wer nur mit
einem davon gesegnet ist, muss
sich andere Strategien zur Eltern-
Lenkung einfallen lassen.

Face|book, das
Soziales Netzwerk, das früher ein
unverzichtbares Kommunikations-
medium und Tummelplatz junger
Leute war, inzwischen aber so
stark von älteren Herrschaften ge-
nutzt wird, dass es bei deiner Generation schon wieder out ist.

Fahr|leh|rer, der
Für Jugendliche am Rande der
Volljährigkeit einige Monate lang
einer der wichtigsten Menschen
im Leben. Im Gegensatz zur sonst
üblichen Empfindlichkeit gegenüber Kritik wird er nicht Türen
knallend stehen gelassen, sondern
darf ungestraft über den Fahrstil
meckern. Vielleicht tritt er in deinem Fall ja in der Ausformung des
jungen, gut aussehenden Fahrleh-
rers oder seines hübsch-charman-
ten weiblichen Pendants auf. Dann
tröstet dessen Anblick über seine
mitunter harschen Worte hinweg.

Ich seh, du bist neu hier! Falls du Hilfe brauchst, sag Bescheid!

Fan|pos|ter, das
Egal ob geliebtes Pferd, gefeierter Schauspieler, erfolgreicher Sportprofi oder umjubelter Gesangsstar – die Zeiten, in denen Fanposter die Decken und Wände deines Zimmers zierten und deren Anblick dich in Ekstase versetzte, sind nun vorbei. Das heißt aber nicht, dass Schwärmen und Träumen nicht weiterhin erlaubt sind …

Fi|nanz|amt, das
Eine Behörde, die bisher vermutlich nur deshalb in dein Bewusstsein gedrungen ist, weil ihre Erwähnung seitens deiner Eltern oder anderer Erwachsener stets von Flüchen und Beschimpfungen begleitet ist. Ein Chor, in den du mit großer Wahrscheinlichkeit einstimmen wirst, sobald du deine Ausbildung oder dein Studium abgeschlossen hast und fest im Arbeitsleben stehst.

Fit|ness-Stu|dio, das
Oft auch Fitnesscenter, Sportstudio oder Muckibude genannte Räumlichkeit, in der man gegen Entgelt angeblich Kraft und Ausdauer trainiert. In Wirklichkeit geht es dabei aber nur um eines: die Attraktivität für potenzielle Partner zu erhöhen. In diesem Zusammenhang stehen das Sixpack sowie der Knackpo ganz oben auf der Liste der zu erreichenden Ziele.

Fla|schen|dre|hen, das
Besonders bei pubertierenden Jugendlichen, aber auch auf Studentenpartys beliebtes Gesellschaftsspiel, bei dem der Betreffende peinliche Fragen beantworten oder Aufgaben ausführen muss. Viel spannender sind da doch die „Spiele", bei denen du entscheidest, wen du küsst und wem du dein blankes Hinterteil zeigst.

Flirt, der

Zunächst unverbindliche Kontakt-
aufnahme zwischen zwei Menschen, die zu einer Liebesbeziehung führen kann, aber nicht
muss. Flirten macht Spaß und tut
gut, schadet aber deiner Beziehung, wenn der-/diejenige, mit
dem/der du flirtest, nicht der
eigene Partner ist. Der Versuch,
sich in diesem Fall mit der ge-
sundheitsfördernden Wirkung
des Flirtens herauszureden,
klappt in der Regel nicht …

flüg|ge

Begriff aus der Vogelwelt, welcher die Fähigkeit der Jungvögel
beschreibt, selbst in die Welt
hinauszufliegen. Könntest du
spätestens jetzt auch schon sein.
Aber bist du wirklich bereit, das
Hotel Mama zu verlassen? Doch
Vorsicht, dass es dir nicht ebenso
ergeht wie den Jungvögeln, die
nicht flügge werden (wollen):
Die werden nämlich von den Eltern
irgendwann mehr oder weniger
sanft aus dem Nest geschubst!

Flup|pe, die

Umgangssprachliche Bezeichnung
für Zigarette, scherzhaft auch Ni-
kotinspargel, Erfrischungsstäbchen
oder Pauseninhalator genannt.
Diese kannst du nun ganz legal
selbst kaufen und musst nicht
mehr ältere Geschwister oder
Freunde bitten. Über Sinn oder
Unsinn des Rauchens sowie dessen gesundheitliche Risiken brei-
ten wir an dieser Stelle bewusst
den Mantel des Schweigens …

Frei|wil|li|gen|dienst, der
Dienst, der – wie der Name bereits
sagt – freiwillig, das heißt ehren-
amtlich, geleistet wird. Er ist zeit-
lich befristet und kann in den Be-
reichen Soziales, Jugend, Umwelt
und Kultur sowohl im In- als auch
im Ausland geleistet werden. Ent-
sprechende Plätze bietet unter
anderem der Bundesfreiwilligen-
dienst, auch BFD oder scherzhaft
Bufdi genannt. Junge Erwachsene, die das 27. Lebensjahr noch
nicht vollendet haben, können zudem im Rahmen des freiwilligen
sozialen Jahres (das zwischen 6
und maximal 18 Monate dauert)
Gutes tun. Reich wirst du dabei
nur in Bezug auf Erfahrungen,
aber es ist eine gute Möglichkeit,
die Kritiker der „Null-Bock-Gene-
ration" lügen zu strafen, und zu
zeigen, dass du mehr drauf hast
als chillen und Party machen.

Frot|tee|schlaf|an|zug, der
Ein äußeres Zeichen der Bevormundung durch überfürsorgliche Eltern, das insbesondere männliche Heranwachsende in deren Mannesstolz verletzt. Doch nun ist Schluss mit Bärchen, Comicfiguren und Co.! Ab sofort entscheidest du allein, welche Nachtwäsche du trägst – ob brave Baumwolle oder sündige Seide. Oder du „outest" dich als Nacktschläfer und genießt die Nachtruhe hüllenlos.

Füh|rer|schein, der
Amtliche Urkunde, die zum Führen bestimmter Fahrzeuge auf öffentlichem Verkehrsgrund berechtigt. Heiß ersehnt, unter großem Geld- und Nervenaufwand erworben, dann plötzlich nur noch der Lappen, den man zu Hause vergessen hat, wenn man in eine Verkehrskontrolle gerät.

Fü|ße, die
Körperteile, die dem Stehen sowie Gehen dienen und Eingang in zahlreiche Redensarten gefunden haben. So hieß es beispielsweise früher, wenn der (noch zu Hause wohnende) Nachwuchs aufmucken wollte: „Solange du die Füße unter meinen Tisch streckst, tust du, was ich dir sage!" Dir dagegen dürften eher folgende Varianten bekannt vorkommen: „Solange ich für dich koche, …", „Solange ich deine Handygebühren bezahle, …", „Solange dein Auto auf mich läuft, …" – gefolgt von einem schüchternen „… möchte ich dich bitten, mir wenigstens zuzuhören." Doch auch wenn sich die Zeiten offensichtlich geändert haben, so ganz entkommst du diesen Vorhaltungen erst, wenn du tatsächlich auf eigenen Füßen stehst.

Ge|fäng|nis, das
Die Tatsache, dass du jetzt für all den Blödsinn, den du anstellst, selbst verantwortlich bist, zeigt sich unter anderem darin, dass dich in besonders schweren Fällen ein Aufenthalt im Gefängnis (korrekt: Justizvollzugsanstalt) erwartet – und zwar nicht in der Jugendvariante, sondern bei den harten Jungs. Und dass dir dort eine Extrawurst à la Hoeneß gebraten wird, ist eher unwahrscheinlich …

Geld, das
Zahlungsmittel, das angeblich nicht glücklich macht, dem aber (fast) alle hinterherjagen. Das beginnt bereits im Kindesalter mit Taschengeld und kleineren Jobs, wie dem Austragen von Zeitungen, und endet – im besten Fall – mit der Rente. Merke: Geld ist nichts. Aber viel Geld, das ist etwas anderes. (George Bernard Shaw)

Ge|schäfts|fä|hig|keit, die
Hurra, dem Kauf deines Traumautos steht nun, zumindest aus rechtlicher Sicht, nichts mehr im Wege. Denn selbst wenn deine Eltern der Meinung sind, dass ein solcher PS-Bolide für einen Fahranfänger keine geeignete Wahl ist, verbieten können sie es dir nicht mehr. Und auch bei allen anderen Rechtsgeschäften bist du zukünftig nicht mehr auf die Zustimmung deiner Eltern angewiesen – mit allen Konsequenzen.

Verschärfte Regeln bei Germany's Next Topmodel ...

GNTM (Germany's Next Topmodel)
Viel belächelte, aber nichtsdestotrotz häufig geguckte Castingshow, in der unter Tausenden von meist minderjährigen Hungerhaken und Wolkenkratzern Deutschlands nächstes Supermodel gesucht wird. Möchtest du auch mal ein Foto von Model-Mama Heidi überreicht bekommen, hast du aber auch mit 18 noch Chancen.

Greg
Hauptprotagonist der Buchreihe „Diary of a Wimpy Kid" von Jeff Kinney, die in Deutschland unter dem Titel „Gregs Tagebuch" ein grandioser Erfolg wurde. Und das völlig zu Recht, denn wie oft hattest allein du in den letzten Jahren das Gefühl, von Idioten umzingelt zu sein? Eben!

Groß|jäh|rig|keit, die
Ein veraltetes und daher nur noch selten benutztes Wort für Volljährigkeit. Scheint irgendetwas mit „Ich bin doch jetzt groß!" zu tun zu haben.

Grou|pie, das
Schwärmen und träumen ist natürlich auch im Erwachsenenalter noch erlaubt *(siehe Seite 29: Fanposter)*, zumal du mit 18 noch jung genug bist, um dir den oder die Angebetete tatsächlich zu angeln. Allerdings schaffen es kreischende Groupies meist nur ins Bett und nicht vor den Traualtar. Hier muss also eine andere Strategie her.

Hal|lo

Vielseitiges kleines Wort, dessen Bedeutung stark von Betonung und Umgebung abhängt. Im Zusammenspiel mit der entsprechenden Körpersprache – Bewegen der Mundwinkel und der Hand nach oben – als nicht förmliche Begrüßung weltweit verbreitet. Wird gern auch als „Halloooo?" mit Betonung auf der zweiten Silbe verwendet, wobei ein tadelnder Gesichtsausdruck die Missbilligung unterstreicht, die der Sprecher spüren lassen möchte. Als Ausruf im Sinne von „Hallo, bleib doch mal stehen, du Trantüte!" oder „Hallo, bleib doch mal stehen, du wunderbares Wesen!" weitgehend bedeutungsneutral. In der Verbindung „Aber hallo!" auch geeignet, Bewunderung oder Widerspruch auszudrücken.

Hard|core

Vom englischen „hard core" (harter Kern) abgeleiteter Begriff, der in der Halbleiterindustrie, beim Wrestling, in der Musik sowie in Bezug auf Erotikfilme Anwendung findet. Eine tiefergehende Erklärung ist vermutlich überflüssig …

Har|ry Pot|ter

Seit der Lektüre dieser Bücher wissen wir, dass man nur in der Muggelwelt mit 18 volljährig wird. Britische Hexen und Zauberer werden es schon mit 17 und dürfen endlich auch außerhalb der Schule zaubern. Wer jedoch genug von Kinderbüchern hat, kann es ja mal mit einer anderen Fantasy-Lektüre in Form von einschlägigen Lifestyle-Magazinen versuchen, die einen Sixpack oder den Verlust von mehreren Kilo Körperfett in 14 Tagen versprechen.

Haus|ver|bot, das
Wer seine neugewonnenen Freiheiten allzu hemmungslos auslebt, ist nicht überall gern gesehen und erhält Hausverbot. Ein solches Verbot kann übrigens nicht nur für die Lieblingsdisko, sondern auch für private Räumlichkeiten ausgesprochen werden. Wird ein virtuelles Hausverbot gegen dich verhängt, bedeutet das, dass dir verboten wird, bestimmte Chats, Foren, Gästebücher etc. zu besuchen. Hältst du dich nicht daran, droht dir eine Freiheitsstrafe von bis zu 1 Jahr.

Heim|lich|keit, die
Ab sofort ist Schluss damit, denn als Erwachsener darfst du all das ganz legal tun, was du bisher heimlich gemacht hast. Natürlich geht so ein Teil des Reizes verloren, aber das ist eben die Kehrseite des Erwachsenwerdens.

Hei|rat, die
Juristische Besiegelung einer Liebesbeziehung mit der Hoffnung auf lebenslange Haltbarkeit, ohne diese auch nur ansatzweise garantieren zu können. War sie früher die einzige Möglichkeit, mit dem Herzensbuben beziehungsweise der Herzensdame unter einem Dach zu leben, ohne die soziale Ächtung befürchten zu müssen, stört sich heute keiner mehr an einer wilden Partnerschaft. Mit der Volljährigkeit hat Heiraten insofern zu tun, als es jetzt auch ohne die Zustimmung der Erziehungsberechtigten möglich ist. Ob und warum man in der heutigen Zeit so jung heiraten sollte, ist jedoch die andere Frage – selbst wenn die Ehe den nach wie vor hohen Scheidungszahlen zum Trotz wieder im Trend ist.

IKEA
Aus Schweden stammendes Kultmöbelhaus, das zwar auf modern und trendy macht, aber schon die heutige Großelterngeneration mit In-Möbelstücken versorgte. Wer dort einmal eingekauft hat, kennt aus leidvoller Erfahrung sicher auch den folgenden Slogan: Schraubst du noch oder wohnst du schon?

In|sta|gram
Kostenlose Webplattform mit hoher Star- und Sternchen-Dichte, auf der man nach Followern sowie Likes und positiven Kommentaren zu eigenen Fotos beziehungsweise Videos lechzt und anderen Beiträgen durch Nichtachtung den Todesstoß versetzt. Ist manchen Usern trotz hoher Shitstorm-Gefahr lieber als Facebook *(siehe Seite 26)*.

Joint, der
Eine mit Cannabis gefüllte, trichterförmige Zigarette, die wegen ihrer Form auch als Trompete oder Tüte bezeichnet wird. Aufgrund des dadurch ausgelösten Rauschzustandes vor allem bei Jugendlichen sehr beliebt. Zwar werden immer wieder Rufe nach einer Legalisierung laut, doch sind aufgrund der hohen gesundheitlichen Risiken und des Suchtpotenzials sowohl der Anbau als auch die Inverkehrbringung sowie der Erwerb und Besitz nach wie vor verboten. Lediglich die medizinische Anwendung als Schmerzmittel ist erlaubt. Doch bevor du dich zu früh freust: Gratis-Kiffen gibt es nur auf Rezept und unter strengen Auflagen!

Ju|gend|ar|beits|schutz|ge|setz, das
Gesetz, das dem Schutz von arbeitenden Kindern und Jugendlichen dient. Für dich als Neu-Erwachsenen damit passé *(siehe Seite 10: Arbeitszeit)*!

Ju|gend|schutz|ge|setz, das
Gesetz, das dem Schutz der Jugend in der Öffentlichkeit dienen soll, und seine schützende Hand über alle hält, die unter 18 sind. Du als Über-18-Jähriger musst dagegen selbst auch dich aufpassen, denn egal ob du rauchst wie ein Schlot, säufst wie ein Loch, dir unsägliche Filme anschaust oder dein Geld in Spielhallen verpulverst – kein Gesetzeshahn kräht mehr danach.

Ju|gend|stra|fe, die
Eine speziell für Jugendliche konzi-
pierte Freiheitsstrafe, in deren „Genuss" du aber auch noch im Alter
von 18 bis 20 Jahren kommst, sofern du dich vor Gericht glaubhaft
als unreif präsentierst. Und selbst
im Greisenalter kann noch eine Ju-
gendstrafe gegen dich verhängt
werden, da für deren Anwendung
das Alter bei Tatbegehung aus-
schlaggebend ist.

Kan|ti|ne, die
Vom italienischen „cantina" (Wein-
keller) abgeleitete Bezeichnung für
eine Verköstigungseinrichtung, in
der Mitarbeiter von Unternehmen
oder öffentlichen Einrichtungen für
wenig Geld mitunter richtig gutes
Essen kriegen. Für Ganztagsschüler
als Schulkantine eine Selbstver-
ständlichkeit. Den akademischen
Nachwuchs erwartet an der Uni
hingegen die sogenannte Mensa,
was aus dem Lateinischen kommt
und „Tisch" bedeutet. Die Cafete-
ria ist ebenfalls eine Verwandte der
Kantine. Doch egal, in welcher Ab-
fütterungshalle du letztlich auch
landest: Genieße die günstigen
Preise und die Tatsache, dass du
nicht selbst kochen musst!

Kin|der|arzt, der
Ob liebgewonnenes Relikt aus Kin-
dertagen oder verhasster Trauma-
Auslöser – spätestens jetzt ist es
an der Zeit, sich einen neuen On-
kel Doktor zu suchen. Dort gibt
es zwar keine bunten Pflaster mit
Comicfigurenaufdruck oder einen
Lutscher für Tapferkeit, dafür aber
Rat in vielen medizinischen Fragen,
die das Erwachsenenleben für dich
bereithält.

Kin|der|geld, das
Geld, das der Staat Eltern als Be-
lohnung dafür zahlt, dass sie sich
den Stress mit dem Kinderkriegen
und -erziehen antun. Bist du noch
in der Ausbildung, bekommen
deine Eltern auch weiterhin Kin-
dergeld. Ob sie dir etwas davon
abgeben, hängt von deinem Ver-
handlungsgeschick ab.

Ki|no, das
Aufführungsbetrieb für Filme, der
sich als Date-Location auch bei
Nicht-Filminteressierten großer Beliebtheit erfreut. Dir als Volljähri-
gem stehen ab sofort sämtliche
Vorführungssäle auch ohne erwachsene Begleitperson offen.

Ko|ma|sau|fen, das
Exzessiver Alkoholkonsum bei Jugendlichen, bei dem es darum
geht, möglichst schnell „dicht" zu
sein. Liegt als Jugendsünde hof-
fentlich hinter dir, denn Betrunkene
sind weder cool noch wirken sie
anziehend auf potenzielle Partner.

Kom|pli|ment, das
Verstand man darunter ursprüng-
lich eine positive, wohlformulierte
Bemerkung über das Aussehen
oder die Leistung eines anderen,
reicht heute schon ein Klick bei
Facebook, Instagram oder einem
anderen sozialen Netzwerk. Also
in puncto Romantik geht da definitiv mehr!

Kör|per|be|haa|rung, die

Sorry, Jungs! Wurden die ersten zarten Härchen noch frenetisch als Männlichkeitssymbol gefeiert, kommt ungebändigter Wildwuchs – das Gesicht einmal ausgenommen *(siehe Seite 13: Bart)* – den einschlägigen Illustrierten zufolge bei der Damenwelt gar nicht gut an. Und diese weist euch, was den Umgang mit der mittlerweile unerwünschten Haarpracht angeht, ganz klar den Weg: da wird gezupft, rasiert, epiliert, gewachst und auch schon mal gelasert, was das Zeug hält. Ob völliger Kahlschlag, kreatives Trimming oder doch lieber haariger Rebell, das liegt ganz bei dir. Und noch ein Warnhinweis für die empfindsame männliche Bevölkerung: Waxing, insbesondere im Intimbereich, ist nichts für Warmduscher. Es tut wirklich weh!

Kör|per|grö|ße, die

Bezeichnet die Länge eines Menschen von der Oberkante des Kopfes (Scheitel) bis zur Unterkante der Füße (Fußsohle). Bei vielen Ursache von Kummer und Wut über zu wenige, aber auch zu viele Zentimeter. Gehörst du zu denjenigen, die sich vor jeder Tür vorausfürchtend ducken und dessen Kähne (Schuhe kann man das ja nicht mehr nennen) den familieneigenen Schuhschrank an seine Grenzen bringt, kannst du jetzt langsam aufatmen. Viel größer wird das alles nicht mehr. Denn um das 19. Lebensjahr gilt das Körperwachstum als abgeschlossen. Allerdings bestätigen auch hier Ausnahmen die Regel. Solltest du also zu den eher Kleingewachsenen gehören, musst du die Hoffnung auf den ersehnten letzten Wachstumsschub noch nicht begraben.

Kraft|fahr|zeug, das
Fahrbarer Untersatz mit Motor drin
und Dach drüber, meist kurz als Kfz
bezeichnet. Für viele Menschen,
insbesondere den männlichen Teil
der Bevölkerung, einer der wichtigsten Gegenstände ihres Lebens,
der mit viel Liebe und Hingabe ge-
pflegt und gepimpt wird. Auch bei
jungen Menschen über 18 als Sym-
bol für Freiheit und Unabhängigkeit
heiß begehrt.

Kre|dit|kar|te, die
Ebenso wie die EC-Karte ein bar-
geldloses Zahlungsmittel, mit dem
du – vor allem im Internet – zunächst einmal hemmungslos ein-
kaufen kannst. Das böse Erwachen
folgt dann mit der Abrechnung
am Monatsende (Achtung: Schul-
denfalle!). In der richtigen Farbe
gilt die Kreditkarte zudem als Statussymbol, das gern und für alle
sichtbar gezückt wird. Wird sie im
Shoppingrausch zu sehr zum Glü-
hen gebracht, kann sie aber auch
Gegenstand tiefster Demütigung
werden: Wenn sie von der Kassen-
fachkraft vor den Augen ihres Be-
sitzers (und aller Umstehenden)
zerschnitten wird!

Kup|pe|lei, die
Darunter versteht der Gesetzgeber
die vorsätzliche Vermittlung und
Förderung von Unzucht. Bis zum
Jahr 1973 hätten sich deine Eltern
also strafbar gemacht, wenn sie
dich mit deinem Freund/deiner
Freundin unter einer Decke hätten
schlafen lassen. Nach heutigem
Recht ist es Sorgeberechtigten nur
noch verboten, Schutzbefohlenen
unter 16 Jahren vorehelichen Sex
zu ermöglichen – und auch nur
dann, wenn sie dadurch ihre Er-
ziehungspflicht grob verletzen.

Übrigens: Kuppelei hat nichts mit der Kupplung im Auto zu tun, obwohl es da ebenfalls um eine innige Beziehung geht: die von Motor und Getriebe.

La|ger|kol|ler, der
Gehörst du auch zu den Zeltlager-Geschädigten, die in den Sommerferien mehr oder weniger freiwillig in den „Genuss" von Übernachtungen im Mehr-Personen-Zelt, Dixi-Klo, Gulaschkanone, Gesang am Lagerfeuer, Nachtwanderungen und anderen lustigen Freizeitaktivitäten gekommen sind? Dann kennst du sicher auch die Mischung aus Angst, Wut und Verzweiflung, die einen in solchen Situationen überkommt und gemeinhin als Lagerkoller bezeichnet wird.

Kreditkarte   51

Leg|gings, die
Meist hauteng anliegende Hose aus Leder, Natur- oder Kunstfasern, die in den 1980er-Jahren für Furore und bei vielen Betrachtern dank Glanz-Optik sowie leuchtend bunter Farben für spontanen Augenkrebs gesorgt hat. Besonders besorgniserregend: Seit einigen Jahren feiert dieses unsägliche Kleidungsstück tatsächlich ein Comeback!

Lie|be, die
Eines der größten und schönsten Gefühle, das diese Welt zu bieten hat. Tritt im Kleinkindalter vornehmlich gegenüber den eigenen Eltern auf, kann sich aber bereits im Kindergarten auf andere Menschen, die sogenannte Sandkastenliebe, richten. In Form der großen Liebe ebenfalls nicht auf das Erwachsenenalter beschränkt, was im Umkehrschluss bedeutet, dass das große Pendant der Liebe, der Liebeskummer, auch Menschen unter 18 überkommen kann – was du vermutlich aus eigener Erfahrung nur bestätigen kannst. Lieben und Leiden sind eben altersunabhängig. Richtet sich die Liebe nicht auf eine andere Person, sondern auf einen Gegenstand, spricht man übrigens von Objektophilie.

Ma|jo|ren|ni|tät, die
Hat nichts mit Majonäse, Major oder Majoran zu tun, sondern ist einfach ein anderer, wenig gebräuchlicher Ausdruck für Volljährigkeit. Er ist daher gut geeignet, zu zeigen, dass du Fremdwörter kennst, die sonst keiner versteht.

Make-up, das

Ob romantisches Dinner oder wilde Partynacht – das Auflegen der passenden Gesichtsbemalung birgt seine Tücken. So ist es beispielsweise nur ein schmaler Grat zwischen verruchten Smokey Eyes und versoffener Cracknutte. Inzwischen solltest du aber genügend Übung haben, um deine Reize dezent, aber dennoch gekonnt in Szene zu setzen. Im Moment jedenfalls ist weniger definitiv mehr. Mehr ist erst im vorgerückten Alter wieder mehr, wenn es darum geht, die Falten zuzuspachteln.

Mak|ler, der

Angehöriger eines Berufsstandes, der Menschen oder Güter vermittelt und dafür eine Provision verlangt. Dir ist er vermutlich am ehesten in Form des Immobilienmaklers bekannt, wobei er vor allem in den Gegenden anzutreffen ist, in denen Wohnraum Mangelware ist – was ihm mitunter einen schlechten Ruf eingebracht hat. Dir wird im Umgang mit ihm jedoch die Gnade der späten Geburt zuteil, da er seit 1. Juni 2015 nicht mehr automatisch vom Mieter, sondern vom Auftraggeber bezahlt wird. Und das ist in der Regel der Vermieter!

Mär|chen|prinz, der

Dabei handelt es sich um ein Idealbild des zukünftigen Partners, das in der Realität jedoch nur höchst selten zu finden ist. Daher ein kleiner Tipp für alle Möchtegern-Prinzessinnen: Aschenputtel hat ihren Schuh verloren, nicht ihren Slip.

Meis|ter, der
Bezeichnung für einen Menschen,
der eine Sache besonders gut be-
herrscht und damit „ein Meister
seines Faches" ist. Als Berufsab-
schluss einer der höheren und zum
Beispiel in handwerklichen, künst-
lerischen und landwirtschaftlichen
Berufen zu erwerben. Hat zudem
Einzug in zahlreiche Redensarten
gehalten, von denen du (mindestens) eine bestimmt nicht mehr
hören kannst: „Es ist noch kein
Meister vom Himmel gefallen."

min|der|jäh|rig
Adjektiv, das in Deutschland, Ös-
terreich und der Schweiz Menschen unter 18 beschreibt, die einen besonderen Schutz genießen.
Klingt trotzdem wie minderwertig
und fühlt sich auch manchmal so
an. Aber diese Zeiten sind für dich
ja (Gott sei Dank?) jetzt vorbei …

Mo|de, die
Höchst vergängliche Äußerungen des Zeitgeistes. Was heute trendy oder in ist, kann schon morgen komplett out sein. Das sieht man vor allem an der Kleidung, wo sie (nicht nur) Teenager zu grotesken Klamottenexperimenten animiert. Inzwischen weißt du aber, dass bauchfreie Shirts im Winter nur in einer Hinsicht cool sind und hast genügend Selbstvertrauen, um nicht jede Mode mitmachen zu müssen – zumal immer mehr Eltern den Look ihrer Kinder kopieren, was richtig peinlich werden kann.

Mo|fa, das
Kleinkraftrad, mit dem du dich nach dem Erwerb des Autoführerscheins besser nicht mehr sehen lässt, wenn dir dein Ruf lieb ist. Also das motorisierte Fahrrad schnell einmotten!

Mut|ter, die
Weiblicher Teil der Erzeuger, der in den verschiedensten Ausprägungen vorkommen kann. Eine der neuesten Varianten: die Helikoptermutter, die ständig über ihrem Kind kreist und es kontrolliert. Du hast ein solches Exemplar zu Hause? Dann hilft nur eines: Selbst in die Luft gehen und die Gute auf den Boden zurückholen.

Mut|ter|tags|ge|schenk, das
Das Aufsagen eines Gedichtes, Selbstgebasteltes und -gemaltes sowie Zimmer-aufräum- und Bravsein-Gutscheine sind durchaus charmante Präsente für die beste Mutti der Welt zu deren Ehrentag, doch steigt mit zunehmendem Alter auch der Peinlichkeitsfaktor. Deshalb werden diese nun durch so kreative Geschenke wie Pralinen, Parfüm und Blumen ersetzt.

Nach|spio|nie|ren, das
Es hat durchaus auch Nachteile, ein Digital Native *(siehe Seite 18)* zu sein. Denn dank der entsprechenden Schnüffel-App sind deine Eltern nicht nur ständig über deinen genauen Aufenthaltsort, sondern auch über deine Anrufe, Textnachrichten sowie Facebook- und sonstige Internetaktivitäten auf dem Laufenden – selbstverständlich nur zu deiner Sicherheit. Also überprüfe lieber einmal, ob die elterliche Sicherheitsbehörde die Net-Nanny inzwischen tatsächlich in den Ruhestand geschickt hat.

nacht|ak|tiv
Eigenschaft von Lebewesen, deren Aktivitäten schwerpunktmäßig nachts stattfinden, und die damit die Nacht sprichwörtlich zum Tage machen. Beispiele dafür sind unter anderem Goldhamster und gerade erwachsen gewordene Menschen.

Na|me, der
Deinen Geburtsnamen kannst du nur unter ganz bestimmten Voraussetzungen ändern. Deutlich weniger schwierig ist, all die knuffigen Spitznamen abzulegen, mit denen sich vor allem Mädchen gern anreden – die Mausi-, Hasi- und Schnuffi-Zeit ist einfach vorbei, zumal diese Kosenamen jetzt dringend für den Freund benötigt werden.

Ich hätte ja gerne ein bisschen Geld hinzugefügt, doch leider lässt sich das nicht als Attachment anhängen.

Nar|ziss|mus, der
Hat nichts mit der Osterglocke aus der Familie der Amaryllisgewächse zu tun, sondern mit dem Jüngling Narziss aus der griechischen Mythologie, der sich in sein eigenes Spiegelbild verliebt hat. Wird gleichbedeutend mit Selbstverliebtheit und Eitelkeit verwendet sowie häufig in Verbindung mit Egozentrik und Selbstsucht gebracht. Angeblich gibt es immer mehr Menschen, auf die der Begriff zutrifft. Doch du gehörst selbstverständlich nicht dazu, oder vielleicht doch?

Ok|ta|ve, die
Intervall, welches die Stimme von Jugendlichen bei elterlichen Ratschlägen oder Kritik, beim Anblick ihres Idols *(siehe Seite 29: Fanposter)* sowie der Begrüßung von Freundinnen nach oben geht. Sowohl Tonhöhe als auch Häufigkeit solcher „Ausbrüche" reduzieren sich im Laufe der Pubertät *(siehe Seite 65)* – zumindest meistens – auf ein erträgliches Maß.

Oma, die
Als Mutter deiner Mutter oder deines Vaters nicht nur eine wichtige Bezugsperson, sondern meist auch bereitwilliger und freigiebiger Finanzier von Klamotten, Urlauben, Führerschein, Auto und Co. Eher abwertend, mitunter auch verniedlichend als Omse bezeichnet, was gleichzeitig als Synonym für alte Frau gebraucht wird.

Park|bank, die
Auch wenn diese (oder eine ähnliche) öffentliche Sitzgelegenheit eine zentrale Rolle in deinem Leben gespielt hat – als Zuflucht vor den nervenden Eltern, als Treffpunkt mit Freunden sowie als Ort für erste Erfahrungen mit Alkohol und dem anderen Geschlecht –, ist es nun an der Zeit, sie zu räumen. Denn die nächste Generation cooler Kids steht bereits in den Startlöchern – und zur Rente ist es noch ein langer Weg.

Par|ty, die
Zwangloses Fest, in der Regel begleitet von lauter Musik und Alkohol. Und dank neugewonnener Freiheiten *(siehe Seite 42: Jugendschutzgesetz)* kannst du es nun in vollen Zügen genießen, selbst wenn am Strand, in einer Gaststätte, auf der Straße oder gar an einem jugendgefährdenden Ort gefeiert wird. Let's party!

Pier|cing, das
Möglichkeit, den eigenen Körper zu gestalten, indem du dich an allen möglichen und auch einigen unmöglichen Stellen durchbohren lässt und diese Löcher mit Ringen, Stäben, Tunnels etc. füllst. In anderen Kulturen ist diese Art des Körperschmucks ein alter Hut, bei uns wurde er erst Mitte der 1990er-Jahre modern. Vermutlich eines der häufigsten Streitthemen zwischen Eltern und Kindern, was dich aber nun nicht mehr kümmern muss. Aber mal ganz ehrlich: Wie fändest du es, wenn sich dein Vater ein Zungenpiercing stechen lassen würde?

Pop|star, der
Berühmter Mensch, der (mehr oder weniger gut) singen kann, aus jeder Jugendzeitschrift grüßt und eine Menge Fans hat. Alles andere zu diesem Thema wurde bereits an anderer Stelle in diesem Büchlein gesagt *(siehe Seite 21: DSDS, Seite 29 Fanposter und Seite 37 Groupie)*.

Pro|gno|se, die
Wenn du weiblich bist, hast du – rein statistisch gesehen – jetzt noch rund 63 Lebensjahre vor dir, als Mann noch circa 58. Das ist aber kein Grund für eine Panikattacke, denn die Statistiken sind dehnbar. Also mach dich locker und lass es einfach auf dich zukommen.

Pro|zess|fä|hig|keit, die
Wer prozessfähig ist, darf vor Gericht Erklärungen abgeben, Anträge stellen, Rechtsmittel einlegen (lassen) … Und nun rate mal, ab wann du uneingeschränkt und ohne gesetzlichen Vertreter prozessfähig bist? Richtig: ab 18. Wer hätte das gedacht?

Pu|ber|tät, die
Lebensabschnitt, in dem Menschen beiderlei Geschlechts als schwierig gelten. Sie dient häufig als Ausrede für schlechtes Benehmen. Allerdings solltest du sie nicht überstrapazieren, denn spätestens mit 20 sind die meisten durch.

Rad|fah|rer, der
Verkehrsteilnehmer, der aus Zeit-
gründen lieber fährt als läuft, das
Gefährt aber aus Umwelt-, Fitness-
oder Geldgründen selbst antreibt.
Übrigens: Auch wer den Führerschein hat, darf noch mit dem Rad
fahren. Nur auf die Stützräder solltest du vielleicht lieber verzichten,
da dein Sozialranking sonst emp-
findlich leiden könnte.

Rat|schlag, der
Dabei handelt es sich um Emp-
fehlungen, die du von anderen
bekommst oder anderen gibst,
weil sie beziehungsweise du der
Meinung sind/bist, es besser zu
wissen. Und ob du es glaubst
oder nicht, auch als Volljähriger
wirst du hin und wieder mehr
oder weniger gutgemeinte Ratschläge bekommen. Und um den
Anfang zu machen, hier gleich
ein ganz wichtiger: Es kommt
nicht darauf an, was man macht,
sondern wie man dabei guckt.

Rau|chen, das
Die Moralpredigt und das Schock-
bildchen überspringen wir hier
einfach *(siehe Seite 30: Fluppe)*,
doch eins muss zum Thema blauer
Dunst trotzdem gesagt werden:
Wenn schon rauchen, dann aus
Überzeugung und Genuss. Denn
Punkte auf der Coolness- und
Dazugehörigkeitsskala gibt es für
die Qualmerei ganz sicher nicht
mehr, zumal man sich auf Bahn-
höfen und in Gaststätten als
Raucher fast schon wie ein Aus-
sätziger vorkommt.

Renn|rad, das
Sportliches Beförderungsmittel für Radfans *(siehe Seite 66: Radfahrer)* mit dünnen Reifen und wenig Gewicht. Hat sich wie das Mountainbike teilweise zum Statussymbol entwickelt, das ebenso viel Aufmerksamkeit und Pflege erhält wie bei anderen das Auto. Bei echten Bikern darf das Rad sogar mit in die Wohnung.

Schick|sal, das
Ablauf von Geschehnissen im Leben, auf die der Betreffende keinen Einfluss hat. Und deshalb an dieser Stelle gleich noch ein guter Ratschlag: Statt wegzulaufen, wenn das Leben dich fickt, warte einfach mal ab, ob es danach noch kuscheln will …

Schön|heit, die
Positiv besetzter Begriff, der für die Attraktivität und Ästhetik von Lebewesen oder Gegenständen steht, dabei aber stets vom Zeitgeist und dem persönlichen Empfinden des Betrachters abhängt. Zwar heißt es immer tröstend, dass es viel mehr auf die inneren Werte ankäme, doch wenn man sieht, was Angehörige beiderlei Geschlechts unternehmen, um dem gerade gängigen Schönheitsideal zu entsprechen (Gebrauchtwagenhändler kämen dafür ins Gefängnis), kommt man diesbezüglich doch ins Grübeln. Böse Zungen behaupten ja, dass vor allem für Frauen Schönheit wichtiger als Intelligenz ist, da Männer besser gucken als denken können. Aber hey, was will man mit so einem Adonis, wenn man sich auch allein langweilen kann. Und zu guter Letzt noch eine kleine Aufmunterung: Die schönsten Dinge der Welt sind oft auch die nutzlosesten. Hast du da nicht auch sofort ein Bild vor Augen?

Schu|le, die
Da diese Bildungseinrichtung als bekannt vorausgesetzt werden kann und die Mehrzahl dieses Kapitel ihres Lebens mit weniger guten Erinnerungen abgeschlossen hat (von den Noten ganz zu schweigen), findet sie hier nur der Vollständigkeit halber Erwähnung.

Schü|ler|job, der
Ehrenhafte Möglichkeit für junge
Menschen, die zahlreichen dringend benötigten Anschaffungen
nicht durch Zermürbungstaktik
gegenüber den Eltern, sondern
durch eigener Hände Arbeit zu
finanzieren. Unrühmliche Aus-
nahme: Mädchen, die lieber ihren
Freund arbeiten und sich aushal-
ten lassen. Wie sehr diese es has-
sen, ihr Geld selbst zu verdienen,
sieht man übrigens auch daran,
wen sie später einmal heiraten.

Schul|hof, der
Freier Platz in der Nähe des Schul-
gebäudes zum Stänkern, Schla-
gen, Lästern und heimlich Rauchen. Und wie überall gibt es auch
hier eine klare Rangordnung. Die
gute Nachricht für alle, die nicht
am oberen Ende stehen beziehungsweise standen: Einer neuen
Studie zufolge werden diejenigen,
die in der Schule die Coolsten
waren, im späteren Leben relativ
schnell altbacken.

Schul|pflicht, die
Gesetzliche Verpflichtung für Eltern, ihre geliebten Kinder in eine
oftmals ungeliebte Bildungsstätte
zu schicken. Soll für Bildungsge-
rechtigkeit und Chancengleichheit
sorgen, verursacht aber regelmä-
ßig schlechte Stimmung, Unmut
und Stress.

Sel|fie, das
Besondere Art des Selbstporträts, das seit Erfindung der Handykamera möglich und nach wie vor schwer in Mode ist. Läutete die große Stunde von Langarm-Menschen ein. Personen mit extrem kurzen oberen Extremitäten bleibt als Rettung der Selfie-Stick, auch Foto am Stiel genannt. Besonders beliebt dabei: das Duckface, das Ussie, das Schlafie, das Shower-Selfie, das Relfie, das Suglie sowie – Kim Kardashian sei Dank – das Belfie und Bilfie. Der neueste Trend ist übrigens das Shelfie.

Sex, der

Bezeichnung für verschiedene Praktiken von Geschlechtsverkehr. Ob Vibrator, Lederpeitsche oder Handschellen – dank multimedialer Omnipräsenz des Themas und leichter Zugänglichkeit von entsprechendem Bildmaterial wird es vermutlich kaum eine Spielart geben, von der du nicht schon zumindest gehört hast. Abgesehen von einigen rechtlichen Aspekten, bringt die Volljährigkeit also keine Neuerungen.

Sex|ting, das

Vor allem von Teenagern und jungen Erwachsenen praktizierter Dirty Talk – gern auch begleitet von erotischen Selbstporträts – nach dem Motto: „Schicks mir!" statt „Gibs mir!" Und obwohl es sich bei dieser Spielart grundsätzlich um Safer Sex handelt, muss doch vor Gefahren gewarnt werden.

Six|pack, der oder das

Sowohl Sechserträger von Getränken als auch Waschbrettbauch von Männern (wobei dieser auch in der verschärften Variante, dem Eightpack, zu finden ist). Erster kann Letzterem jedoch schnell den Garaus machen, da sowohl Softdrinks als auch alkoholische Getränke jede Menge Kalorien enthalten – man spricht nicht ohne Grund vom Bierbauch. Hier gilt es also Prioritäten zu setzen.

So|la|ri|um, das

Technische Einrichtung, die den Körper mit UV-Licht bestrahlt, um eine Bräunung der Haut zu erreichen *(siehe Seite 69: Schönheit)*, umgangssprachlich auch Bitchburner, Elektrostrand oder Münz-Mallorca genannt. Falten und Hautkrebs gibt es zur Bräune übrigens gratis mit dazu.

Sor|ge|recht, das
Ein Rechtsbegriff, der eigentlich
„elterliche Sorge" heißt. Er umfasst
die Sorge für Person und Vermö-
gen des Kindes. Ab jetzt – zumindest aus Sicht des Gesetzgebers –
nicht mehr vorhanden. Doch wie
du aus mehr oder weniger leidvoller eigener Erfahrung weißt, endet
die moralisch-emotionale elterliche
Sorge nie.

Spät|ge|bä|ren|de, die
Bezeichnung für Frauen, die zum
Zeitpunkt des Mutterwerdens
deutlich über 30 sind. Wenn du
zu denjenigen gehörst, deren
Müttern man dieses Etikett ver-
passt hat, sind deine Eltern jetzt
um die 50 oder noch etwas älter.
Doch kein Grund, sich deswegen
zu grämen. Immer mehr Volljähri-
ge haben Eltern im Rentenalter,
was durchaus seine Vorteile hat.
Denn wird das elterliche Auto
nicht für den Weg zur Arbeit benötigt, steht es öfter zu deiner
Verfügung!

Spie|le|kon|so|le, die
Der beste Freund des männlichen
Jugendlichen (Ausnahmen bestätigen auch hier die Regel!) ist die
Spielekonsole, die nicht nur stun-
denlange Unterhaltung, sondern
auch Halt und Trost in den stür-
mischen Zeiten des Erwachsenwerdens bietet. Doch nun ist es
an der Zeit, Lebewohl zu sagen,
den Controller an den Nagel zu
hängen und hinaus in die reale
Welt zu gehen. Und bevor sich hier
jemand zu früh freut: Gleiches gilt
natürlich auch für Barbie!

Neulich im Biologieunterricht beim Auflisten aller menschlichen Körperteile ...

Strand

Stolz, der

Laut Wikipedia „die Freude, die der Gewissheit entspringt, etwas Besonderes, Anerkennenswertes oder Zukunftsträchtiges geleistet zu haben." Vermutlich sind deine Eltern gerade von diesem Gefühl erfüllt – gönne ihnen diesen Moment, ehe du ihnen erzählst, dass du kein Arzt werden willst.

Strand, der

Am weißen Sandstrand mit der Clique oder dem/der Liebsten Urlaub zu machen ist für viele ein Traum. Zum Alptraum wird er, wenn der Sonnenschutzfaktor zu niedrig und der Promillepegel zu hoch ist.

Stu|dent, der

Mensch, der nach 12 bis 13 Schuljahren immer noch nicht genug hat und an die nächste Bildungsanstalt wechselt. Freut sich dabei auf Semesterferien, Studentenpartys und – wenn er Optimist ist – auf einen guten Job.

Table|dance, der

Von spärlich bekleideten Frauen oder Männern auf einem Tisch, dem Tresen oder einer Plattform dargebotener erotischer Tanz – häufig unter Zuhilfenahme einer Tanzstange (Pole). Als Neu-Erwachsener stehen dir die entsprechenden Clubs ab sofort weit offen – sowohl als Zuschauer als auch als Tänzer.

Ta|ge|buch, das
Diese autobiografischen Aufzeich-
nungen gehören ebenfalls zu den
Dingen, die du hinter dir lassen
musst. Nicht weil Tagebuchschrei-
ben „unerwachsen" wäre, sondern
weil die Schmöker mit Plüschein-
band und Pseudoschloss daten-
schutztechnisch ein Desaster sind.
Es sei denn natürlich, du willst ge-
zielt persönliche Informationen
streuen. Doch auch das gelingt
dir mit Facebook, Twitter und Co.
viel besser.

Ta|ges|zei|tung, die
Täglich erscheinendes Drucker-
zeugnis, dessen öffentliche Lektüre – egal ob am Frühstückstisch,
im Café oder in öffentlichen Ver-
kehrsmitteln – so viel erwachsener
wirkt als das Blättern in irgend-
welchen Boulevard- oder Lifestyle-
Magazinen. Dabei unbedingt auf
die Seriosität der Zeitung achten,
sonst geht der Schuss definitiv
nach hinten los!

Tat|too, das
Nur sehr schwer wieder zu entfer-
nender Körperschmuck, der sich
heute bei Jung und mitunter auch
Alt aller Couleur großer Beliebtheit
erfreut. Trotzdem sind sie immer
wieder Zankapfel zwischen Eltern
und deren Sprösslingen. Doch
wie bereits gesagt *(siehe Seite 62:
Piercing)*: Ab sofort gehört dein
Körper ganz dir! Es muss ja vielleicht nicht unbedingt ein Assi-Sti-
cker sein. Übrigens: Das Arschge-
weih ist schon seit einiger Zeit out.

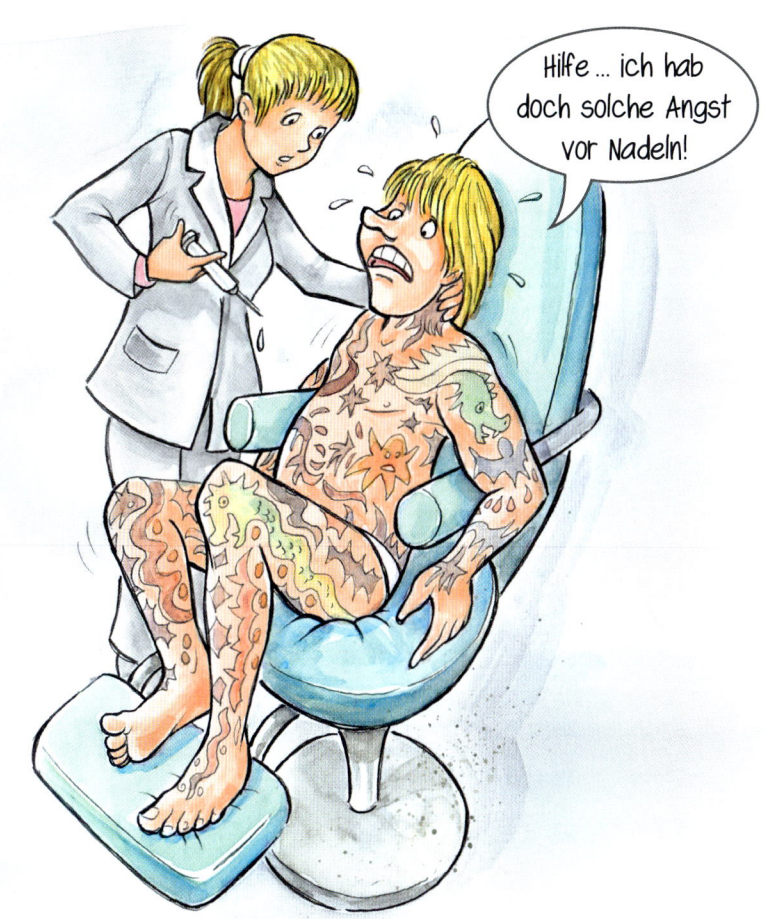

Ich suche einen attraktiven, intelligenten, gutaussehenden, sportlichen, verständnisvollen und wohl-habenden Mann ... Ach nee, ich geb's lieber auf!

Tin|te, die
Gefärbte Flüssigkeit zur Verwen-dung in einem Füllfederhalter, wo-bei dieser dir aus deiner Schulzeit noch bestens vertraut sein dürfte. Doch nun ist ein für allemal Schluss mit dem Rumgekleckse. Wenn schon handschriftlich schreiben, dann nicht mit dem Dinosaurier unter den Stiften, Schreibkultur hin oder her.

Traum|mann, der
Ähnlich wie der Märchenprinz die Idealversion des männlichen Partners (in der weiblichen Aus-prägung: Traumfrau) und ähnlich schwer zu finden. Doch immer-hin muss man dazu keine Frösche küssen, sondern nur ein Profil auf einer der zahlreichen Partner-börsen anlegen – hier gibt's das Traumwesen (angeblich) sogar mit Niveau!

Über|tra|gung, die
In Form der „Erklärung zur Über-
tragung der Aufsichtspflicht"
wohl jedem U18 bekannt und
verhasst. Umgangssprachlich
auch Muttizettel genannt, weil
Muttis Ausweis kopiert werden
muss. Hat jetzt endlich ausge-
dient.

Un|rei|fe, die
Im Sinne von „25 ist das neue
18" derzeit viel diskutiert, wobei
es sich dabei um keine wirklich
neue Erkenntnis handelt. Die Tatsache, dass junge Erwachsene immer später von zu Hause auszie-
hen und immer später heiraten,
ist längst ein alter Hut. Doch nun
wird behauptet, sie würden auch
immer länger brauchen, bis sie

die Erwachsenenreife erlangen.
Ehrlich jetzt? Unreif? Grün? Ach,
jetzt regst du dich auf? Das er-
höht deine Glaubwürdigkeit kein
bisschen: Reife Menschen bleiben
stets ruhig und gelassen.

Un|schuld, die
Schlechte Neuigkeiten für dich:
Auch wenn du den Dackelblick
und die Unschuldsmiene in den
letzten Jahren – dank zahlloser
Übungsmöglichkeiten – perfekti-
oniert hast, die Glaubwürdigkeit
nimmt mit zunehmenden Alter
ab, wobei Frauen klar im Vorteil
sind (ihnen traut man viele „Mis-
setaten" schlicht nicht zu). Ihre
sexuelle Unschuld verlieren die
meisten deutschen Teenager mit
17. Doch auch wenn du noch
Jungfrau oder Jungmann bist, be-
steht deswegen kein Grund zur
Panik. Lass es ruhig angehen.

Un|ter|halt, der
Befindest du dich auch nach deinem 18. Geburtstag in Ausbildung oder absolvierst du ein Studium, schulden dir deine Eltern Unterhalt – und zwar in bar. Allerdings empfiehlt es sich, vor der Geltendmachung dieses Anspruchs einen Blick in die Düsseldorfer Tabelle zu werfen, ob die Unterstützung, die du von deinen Eltern sowieso schon erhältst, nicht sogar höher ist. Sonst kommen die vielleicht auf die Idee, den Rotstift anzusetzen.

Un|ter|ho|se, die
Bekleidungsstück, das die Geschlechtsorgane und gegebenenfalls den Hintern bedeckt, wobei die Herren der Schöpfung mitunter eine sehr gleichgültige Beziehung zu diesem Stück Stoff pflegen. Denn angezogen wird, was Mutti einkauft, und wenn es der Feinripp-Liebestöter im Zwölferpack vom Wühltisch ist. Allerdings scheint bei mehr als einem Drittel selbst diese Anschaffung überflüssig, da die Unterwäsche nicht täglich gewechselt wird. Aufgemerkt, ihr Unterhosenmuffel: Auch das weibliche Auge freut sich über eine appetitliche Verpackung!

Un|ter|schrift, die
Von Schulen eingeforderter Nachweis der Kenntnisnahme durch die Eltern. Hat sich mit der Volljährigkeit erledigt. Allerdings lohnt es sich, Mamas und Papas Unterschrift auch weiterhin zu üben – man weiß schließlich nie, wozu man sie nochmal braucht.

Un|zucht, die
Sexualverhalten, das gegen das Sittlichkeits- und Schamgefühl verstößt – wobei ein Verstoß gegen die geltenden kulturellen oder religiösen Moralvorstellungen durchaus eine reizvolle Erfahrung sein kann, solange die strafrechtlich relevanten Grenzen eingehalten werden. Wird oft im Zusammenhang mit Minderjährigen gebraucht, was für dich nur dann zum Problem wird, wenn dein Partner jünger als 14 Jahre alt ist.

Ur|laub, der
Zeit, in der man dem Arbeitsplatz berechtigt fernbleibt, um sich zu erholen, sich zu bilden oder Abenteuer zu erleben. Machst du mit deinen Mädels/Kumpels/Freunden schon seit Jahren? Und das, obwohl du gar keinen Arbeitsplatz hast? Glück für dich!

Unterhose   83

Va|ter, der
Männliches Pendant zur Mutter, das entweder wehmütig das Erwachsenwerden seines kleinen Mädchens verfolgt oder Rangkämpfe mit dem neuen Mann im Haus ausficht, obwohl dieser ihm längst auf den Kopf spucken kann und ganz selbstverständlich seinen Rasierer benutzt. Eine Sonderform des Vaters muss jetzt langsam aufpassen, dass seine Freundinnen nicht jünger sind als die eigene Tochter.

Ver|ant|wor|tung, die
Eine aus rechtlichen, religiösen, weltanschaulichen oder moralischen Normen entstehende Pflicht gegenüber einer oder mehreren Personen. Vermehrt sich mit zunehmendem Alter, wobei die Volljährigkeit einen Meilenstein darstellt.

Ver|bot, das
Etwas, das für dich nun nicht mehr gilt – dachtest du zumindest! Denn noch immer gibt es Dinge, für die du – trotz Volljährigkeit – zu jung bist. Hier nur ein paar Beispiele: einen Bus mit mehr als acht Fahrgastplätzen steuern, so richtig schwere Motorräder fahren, in bestimmte Clubs und Casinos gehen, ein Kind adoptieren ... Hier heißt es weitere drei Jahre (oder zum Teil noch länger) warten.

Ver|ein, der
Einem Verein beitreten durftest du – sofern deine Eltern zugestimmt haben – auch bisher schon. Doch nun kannst du selbst einen gründen, ob für unterdrückte Töchter und Söhne oder zur Förderung des freien Furzens … Hauptsache du findest mindestens sechs Gleichgesinnte für dein Vorhaben.

Ver|si|che|rung, die
Vertrag, der gegen die Zahlung von
Beiträgen vor (fast) allen Unbilden
des Lebens schützt, so zumindest
die Werbeversprechen der Versi-
cherungsunternehmen. Zum Teil
unbedingt empfehlenswert, zum
Teil Geldverschwendung, weshalb
es sich lohnt, sich damit auseinan-
derzusetzen. War bisher Sache deiner Eltern, aber inzwischen weißt
du ja, wie das mit der (Selbst-)Ver-
antwortung so ist *(siehe Seite 85)*.

Ver|trag, der
Vereinbarung, die durch freiwillige
Selbstverpflichtung konkretes Ver-
halten zwischen zwei oder mehr
Parteien regelt. Ist für dich als Volljährigen ab sofort bindend, sodass
du dich nicht mehr so ohne Weite-
res aus der – da ist das schlimme

Wort wieder – Verantwortung
stehlen kannst. Wohl dem, der
einen guten Anwalt kennt ...
Übrigens: Ein Vertrag kann auch
mündlich abgeschlossen werden.

Voll|jäh|rig|keit, die
Zeitpunkt, ab dem eine Person
aus juristischer Sicht als erwachsen
gilt. Laut dem New Yorker Über-
einkommen über die Rechte des
Kindes vom 20. November 1989
wird dieser mit 18 erreicht. Lediglich einige Einzelstaaten haben
andere Grenzen, wobei die Palet-
te von 16 bis 21 Jahren reicht. Du
kannst dich also freuen oder är-
gern, dass du nicht dort lebst.

Vor|be|hal|te, die
Bestehen solche bezüglich deiner
geistigen Reife, kann es mit den

neugewonnenen Freiheiten schnell wieder vorbei sein. Denn dann nimmt ein Vormund die Stelle deiner Eltern ein. Aber vermutlich würde das keinen großen Unterschied machen, da deine Familie deinen neuen Status ohnehin ignoriert. Oder hat deine Mutter inzwischen aufgehört, unangekündigt in dein Zimmer zu stürmen und lautstark eine Reinigung desselben zu fordern?

Waf|fen, die
Spaß, Sport, Verletzen, Töten – alles möglich mit Waffen und Munition. Das bedeutet (schon wieder!) viel Verantwortung für diejenigen, die damit zugange sind – eine Verantwortung, die der Gesetzgeber dir jetzt zutraut.

> Ich warte so lange, bis jemand eine Waffe gegen das Chaos erfindet.

Wahl|recht, das
Unter der Vielzahl von Rechten, die du mit Erreichen der Volljährigkeit bekommst, sticht eines heraus: das Recht zur Teilnahme an öffentlichen Wahlen. Es ist, auch wenn das für dich pathetisch klingt, eine der tragenden Säulen der Demokratie und gehört zu den politischen Grundrechten. Also hoch mit dem Arsch und ran an die Wahlurne, wenn du dazu aufgerufen wirst! Gibt es auch in der Ausprägung des passiven Wahlrechts, dem Recht, gewählt zu werden *(siehe Seite 14: Bundeskanzler)*.

Weg|ge|hen, das
„Hänschen klein ging allein …" Tja, wie sieht dein Plan für die kommenden Jahre aus? Gehst du wie das Hänschen klein in die weite Welt hinaus oder bleibst du noch eine Weile im elterlichen Nest, wo die Verpflegung erstklassig und der Internetzugang gratis ist? Das Argument, dass dein Auszug deinen Eltern das Herz brechen würde, zieht übrigens nicht. Die würden dein Jugendzimmer vermutlich schneller in ein Homegym oder den langersehnten Raum für Papas Modelleisenbahn verwandeln, als du gucken kannst.

Whats|App
(Nicht ganz) kostenloser Ersatz für die SMS, der dem Klischee zufolge zu deinem Leben gehört wie die Luft zum Atmen. Ermöglicht zudem die perfekte Überwachung: „Was, der/die war um 3:57 Uhr noch on? Und zu mir sagt er/sie, er/sie muss heute früh ins Bett!!!"

Wis|sen, das
Wird im Alter oft als Weisheit bezeichnet. Doch bis es soweit ist, lassen dich zahllose weise Männer und Frauen an ihrem Wissen und ihren Erfahrungen teilhaben. So zum Beispiel der italienische Modeschöpfer Gianni Versace, der folgende Lebensweisheit zum Besten gab: „Lieber vulgär und glücklich als gut gestylt und langweilig." Oder hältst du es eher mit dem irischen Schriftsteller Oscar Wilde, der einst kundtat: „Ich habe einen ganz einfachen Geschmack. Ich bin immer mit dem Besten zufrieden." Aber auch folgender Ausspruch des deutschen Kaisers Wilhelm II. hat durchaus heute noch Relevanz: „Das Wichtigste im Leben ist, immer zu wissen, wo der Hinterausgang ist." Und noch ein Rat von der italienischen Filmdiva Sophia Loren für

alle Globetrotterinnen: „Ich kann in zwölf Sprachen Nein sagen. Das ist unerlässlich für eine Frau, die weit herumkommt."

You|Tube
Internetportal, auf dem kostenlos Videoclips geguckt, hochgeladen und bewertet werden. Besonders beliebt sind neben süßen Tieren die besten Fails. Von dir gibt es auch so ein Video? Dann hilft nur tapfer lächeln, denn – Achtung, noch eine Lebensweisheit – Humor ist, wenn man trotzdem lacht. Gibt es übrigens erst seit 2005 im Netz, auch wenn es sich für dich wie eine Ewigkeit anfühlt.

Yp|si|lo|ner, der
Auch Generation Y oder noch kürzer GenY genannt, wobei das Y

für englisch „Why?" steht. Und warum? Weil die Angehörigen der Geburtenjahrgänge 1984 bis 1999 alles unerbittlich infrage stellen. Sie gelten als ehrgeizig, technikaffin, weltoffen, vernetzt, anspruchsvoll sowie selbstbewusst und lösen in der Arbeitswelt demnächst die Generation der Babyboomer ab.

Za|cke, die
Teil einer Krone, der dir nicht aus selbiger bricht, wenn du deine Wäsche einmal selbst zusammensammelst (und sogar noch selbst wäscht), die Wohnung staubsaugst oder den Tank des elterlichen Autos wieder auffüllst, nachdem du ihn leergefahren hast. Ganz recht, da ist es wieder, das böse V-Wort *(siehe Seite 85: Verantwortung)*!

Ach, mach dir nix draus, Papa, gleich bist du berühmt!

Zahn|span|ge, die
Kieferorthopädisches Drahtgestell zur Korrektur von Zahnfehlstellungen, das seinen Träger beim Öffnen des Mundes ziemlich unvorteilhaft aussehen lasst. Dürfte sich in der Zwischenzeit jedoch erledigt haben, sodass du deinem Traummann/deiner Traumfrau *(siehe Seite 80)* nun mit einem strahlenden und vor allem metallfreien Lächeln begegnen kannst.

Ze|le|brie|ren, das
Bildungssprachlicher Begriff für feiern, die Korken knallen lassen, Party machen, abrocken, burnen und steil gehen – und genau das alles solltest du anlässlich deines 18. Geburtstags zusammen mit Freunden und Weggefährten machen!!! Deine Eltern werden dieses Mal sicher nichts dagegen haben, zumal sie es dir nicht mehr verbieten können.

Zi|cken|alarm, der
Und (fast) zu guter Letzt noch ein Hinweis für die Angehörigen des weiblichen Geschlechts: Das öffentliche Streiten mit Geschlechtsgenossinnen wegen Klamotten oder Kerlen ist genauso unreif wie das Getuschel mit der besten Freundin und das kollektive Aufsuchen des vermeintlich stillen Örtchens.

Zim|mer|su|che, die
Der Versuch, ein bewohn- und gleichzeitig bezahlbares Zimmer zu finden, gleicht in vielen Städten einem Akt der Verzweiflung, bei dem die Erfolgsaussichten umgekehrt proportional zur Attraktivität des Wunschdomizils sind. Auch gehören Neu-Erwachsene nicht unbedingt zu den Wunschkandidaten von Vermietern, sodass du häufig auf eine Bürgschaft deiner Eltern angewiesen bist.

Zu|be|hör, das
Beweglicher Gegenstand, der einer anderen Sache dient. Heutzutage vor allem in Form von Kabeln, Netzgeräten und Kopfhörern vorkommend. Wird gern verloren, kurz betrauert und dann notgedrungen neu gekauft. Der Fluch von Smartphone, Tablet und Co.

Zug, der
Praktisches Verkehrsmittel auf Schienen, das Jugendliche und Neu-Erwachsene relativ günstig sowohl national als auch international – zum Beispiel mit einem Interrail-Pass – mobil macht. Getrübt wird die Freude allerdings häufig durch Verspätungen und Überfüllung. Aber dank der Werbung weißt du a), dass die Bahn (irgendwann doch noch) kommt und b), womit du dir die Zeit vertreiben kannst, wenn es mal wieder länger dauert …

Zu|hau|se, das
„In diesem Haus, wo ich wohn, ist alles so gewohnt, so zum Kotzen vertraut …" heißt es in Mark Forsters Erfolgssong „Au revoir". Wie schnell sich dieses Gefühl ändern kann, wirst du spätestens mit dem Auszug von daheim merken *(siehe Seite 14: Bude)*. Aber wenigstens kannst du dir sicher sein, dass du dort immer ein Zuhause haben wirst. Oder vielleicht doch nicht *(siehe Seite 89: Weggehen)*?

Zu|sam|men|zie|hen, das
Gemeinsame Belegung einer Wohnung durch mehrere Menschen, die vorher in getrennten

Wohnungen oder im elterlichen Kinderzimmer zu Hause waren. Als Zusammenziehen von Liebespaaren früher nur in Verbindung mit der Eheschließung möglich *(siehe Seite 41: Heirat)*. Wird in deinem Alter auch häufig in der Sonderform des Zusammenziehens in einer Wohngemeinschaft (kurz WG genannt) praktiziert *(siehe Seite 14: Bude)*.

Zu|tex|ten, das
Ein bei Erwachsenen beliebtes Mittel der unentwegten und unverhohlenen Einmischung in die Belange junger Menschen. Gern als wohlwollende Ratschläge getarnt *(siehe Seite 66: Ratschlag)*. Aus der Sicht junger Menschen überflüssig bis extrem nervend.

© 2016 design cat GmbH

Genehmigte Lizenzausgabe
TOMUS, ein Imprint von EDITION XXL GmbH
Industriestraße 19
64407 Fränkisch-Crumbach 2016
www.edition-xxl.de

Idee und Projektleitung:
Sonja Sammüller
Layout, Satz und Umschlaggestaltung:
design cat GmbH

Autorin: Marie Haid
Lektorat: Andreas Ehrlich
Illustrationen: design cat GmbH

ISBN 978-3-7366-4010-8